Mi vida como colonizador

Nancy Kelly Allen

rourkeeducationalmedia.com

Scan for Related Titles
and Teacher Resources

www.rourkeeducationalmedia.com

PHOTO CREDITS: Images courtesy of Plimoth Plantation, www.plimoth.org

Special thanks to Karin Goldstein, curator of Collections and Library at Plimoth Plantation for content consultation and images.

Edited by: Precious McKenzie
Traducido y editado por Danay Rodríguez.

Cover design by: Tara Raymo
Interior design by: Renee Brady

Library of Congress PCN Data

Mi vida como colonizador/Nancy Kelly Allen
(El Pequeño Mundo de Estudios Sociales)
ISBN 978-1-61810-140-2(hard cover)(alk. paper)
ISBN 978-1-61810-273-7(soft cover)
ISBN 978-1-61810-399-4 (e-Book)
ISBN 978-1-63430-140-4 (hard cover - spanish)
ISBN 978-1-63430-166-4 (soft cover - spanish)
ISBN 978-1-63430-192-3 (e-Book - spanish)
Library of Congress Control Number: 2014953701

Also Available as:

ROURKE'S
e-Books

Rourke Educational Media
Printed in the United States of America,
North Mankato, Minnesota

Rourke
Educational Media

rourkeeducationalmedia.com

customerservice@rourkeeducationalmedia.com • PO Box 643328 Vero Beach, Florida 32964

Mi familia y yo somos de los **primeros colonos**. Nosotros somos uno de los primeros pueblos de Europa que navegaron hacia **América** para comenzar una nueva vida.

Los primeros colonos llegaron a América por muchas razones. Los **peregrinos** y puritanos vinieron para poder practicar su propia religión.

Los primeros colonos europeos construyeron la colonia de Jamestown, Virginia, en 1607.

Algunos colonos europeos llegaron a América para poseer tierras o en búsqueda de oro o pieles.

Los primeros colonos vinieron de muchos países diferentes y construyeron sus casas en la nueva tierra.

Yo vine a **Nueva Inglaterra** en 1620 en el barco Mayflower. Algunas personas llaman a nuestro grupo los peregrinos.

Los peregrinos zarparon desde Plymouth, Inglaterra, para viajar al otro lado del océano Atlántico.

102 Peregrinos navegaron durante 66 días en un barco de madera.

A nuestro **asentamiento** le llamamos colonia de Plymouth.

Nos pusimos de acuerdo para trabajar juntos.

La vida era difícil. El invierno era frío y nevaba. No teníamos mucho para comer.

Alrededor de la mitad de los peregrinos murieron durante el primer invierno.

La tribu wampanoag nos ayudó de muchas formas. Como no sabíamos cómo cazar y pescar en la nueva tierra ellos nos enseñaron.

En la siguiente primavera la vida fue mejor. Construimos casas. Por lo general las casas tenían una sola habitación para toda la familia.

Los peregrinos utilizaban el fuego para cocinar alimentos y para mantenerse calientes en el frío invierno.

Un **nativo americano** llamado Squanto nos enseñó cómo cultivar el maíz y otras plantas para comer, porque las semillas que trajimos no crecieron bien.

Sembrábamos un pez muerto con cada semilla de maíz para enriquecer la tierra.

Mi mamá me enseñó hasta los seis años de edad. Cuando fui creciendo, mi papá me enseñó a leer y a escribir

porque no teníamos escuelas.

bolos

Cuando teníamos tiempo libre jugábamos a las canicas, al aro, al trompo y a los bolos.

Nuestro primer año fue difícil, pero nuestro maíz creció y habían muchos animales para cazar. Sobrevivimos gracias a la Divina Providencia.

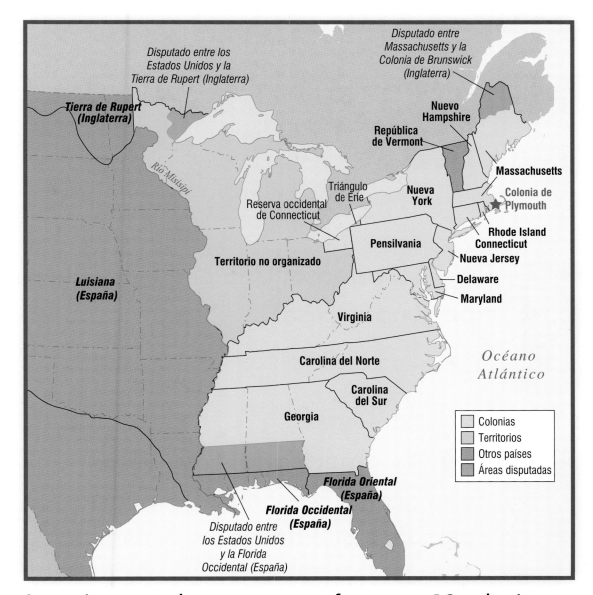

Los primeros colonos europeos formaron 13 colonias que se convirtieron en los Estados Unidos de América.

Glosario Ilustrado

América: América es otro nombre para el país de los Estados Unidos de América.

asentamiento: Una pequeña villa con personas y casas.

nativo americano: Los nativos americanos fueron las primeras personas que habitaron América.

Nueva Inglaterra: La región de América donde los peregrinos se asentaron.

peregrinos: Los colonos ingleses que vinieron a América por libertad de religión.

primeros colonos: Ellos fueron las primeras personas que vinieron de otros países a vivir a América.

Índice

Sitios Web

www.fedstats.gov/kids/mapstats

www.plimoth.org//what-see-do/17th-century-english-village

www.smithsonianeducation.org/students/

Acerca del Autor

Nancy Kelly Allen disfruta de la lectura y la escritura sobre la historia de América. También disfruta vistiendo un delantal y gorro cuando asiste a eventos que reflejan tiempos pasados y festivales culturales. Los disfraces son divertidos y le recuerdan a los primeros colonos que llevaban delantales y gorros todos los días.